Mon premier *Larousse* de notre PLANÈTE

ILLUSTRATIONS

Juliette Boulard
Pages 146-149

Myriam Colin
Pages 34-35, 56-57, 94-95, 132-133, 142-143

Pascale Estellon
Pages 48-51, 112-113, 118-121

Claire de Gastold
Pages 84-85, 150-151

Camille Jourdy
Pages 86-87, 92-93

Gwen Keraval
Pages 72-73, 82-83, 108-109, 122-125

Amandine Laprun
Pages 130-131, 134-137, 144-145

Benjamin Lefort
Pages 68-69, 74-75, 154-155

Bruno Liance
Pages 14-15, 40-41, 80-81

Sandrine Martin
Pages 12-13, 30-31, 96-101, 152-153

Anaïs Massini
Pages 18-19, 54-55, 60-61, 104-107

Catherine Meurisse
Pages 20-21, 64-65, 110-111, 116-117, 138-139

Clémence Paldacci
Pages 16-17, 26-27, 36-39, 58-59, 128-129

Clotilde Perrin
Pages 22-25, 28-29, 42-43, 52-53, 88-91

Juliette Planque
Pages 46-47, 62-63, 70-71

Hélène Rajcak
Pages 44-45, 66-67, 76-77, 102-103, 126-127

Présente édition
Rédaction : Pascal **Chauvel**
Direction de la publication : Carine **Girac-Marinier**
Direction éditoriale : Florence **Pierron-Boursot**
Conception de la couverture : Laurent **Carré**
Fabrication : Rebecca **Dubois**

ISBN : 978-2-03-592569-5
317474-01/11032055 – janvier 2016
Imprimé en Espagne par Graficas Estella (Estella)
Conforme à la loi n° 49 956 du 16 juillet 1949 sur les publications destinées à la jeunesse.

Première édition
Direction artistique : Frédéric **Houssin** & Cédric **Ramadier**
Conception graphique et réalisation : **DOUBLE**
Conseil scientifique : Éric **Mathivet**
Édition : Caroline **Terral**
Direction éditoriale : Françoise **Vibert-Guigue**
Direction de la publication : Isabelle **Jeuge-Maynart**
Lecture-correction : **Larousse**
Fabrication : Nicolas **Perrier**

Dépôt légal : avril 2006

Mon premier *Larousse* de notre PLANÈTE

LAROUSSE
JEUNESSE

SOMMAIRE

Une PLANÈTE EXTRAORDINAIRE

À LA DÉCOUVERTE DE LA TERRE

Grâce aux exploits des explorateurs et aux progrès des techniques, on connaît de mieux en mieux notre étonnante planète.

Les alpinistes escaladent les plus hautes montagnes.

Les explorateurs traversent la banquise.

Des expéditions scientifiques étudient les glaciers et l'air de l'Antarctique.

Les bathyscaphes explorent le fond des océans.

Dans la forêt vierge, des spécialistes observent les animaux en danger.

Des lanceurs emportent des satellites dans l'espace.

Des satellites surveillent notre planète.

Des sondes spatiales sont envoyées très loin, jusqu'aux limites du Système solaire.

DANS L'UNIVERS IMMENSE

Notre Terre n'est qu'une toute petite planète dans un coin de l'Univers. C'est difficile à imaginer !

Dans notre ciel, on peut voir 2 000 étoiles. Mais grâce aux télescopes géants, on sait que dans l'Univers il y a des milliards de milliards d'étoiles, rassemblées en milliards de galaxies ! La Terre et le Soleil font partie d'une des innombrables galaxies de l'Univers : **la Voie lactée**.

Comme la Terre et le Soleil sont sur le bord de la Galaxie, les nuits d'été, on peut voir **sa trace dans le ciel clair**. Les astronomes de l'Antiquité avaient repéré cette traînée de lumière blanche comme un jet de lait : ils l'ont appelée la « Voie lactée ».

En fait, vue du dessus, notre galaxie ressemble un peu à un œuf sur le plat…

… et vue de profil à une soucoupe volante.

Parmi les milliards d'étoiles de la Voie lactée, il y a une étoile très spéciale : notre Soleil.

LES PLANÈTES DU SOLEIL

La Terre tourne autour du Soleil, avec sept autres planètes et une multitude d'astéroïdes, de comètes et de poussières : c'est le Système solaire.

Autour du Soleil, il y a des planètes rocheuses, comme la Terre, et des planètes « gazeuses ». Les planètes rocheuses sont plus petites.

Mars, Vénus et Mercure sont des planètes rocheuses.

Jupiter, Saturne, Uranus et Neptune sont surtout constituées de gaz. Ce sont des planètes géantes.

1 Mercure est couverte de cratères. Elle ressemble à la Lune.

2 On appelle la planète Vénus « l'étoile du Berger » car c'est la première lumière qui apparaît dans le ciel au coucher du Soleil. Autrefois, elle guidait dans la nuit les bergers et les marins. Vénus est la déesse romaine de l'Amour.

4 Mars est recouverte de pierres rouillées : c'est la planète rouge. Mars porte le nom du dieu romain de la Guerre.

5 Jupiter est presque 1400 fois plus grosse que la Terre 3 ! Elle porte le nom du « chef » des dieux romains car c'est la plus grosse des planètes.

À RETENIR

Pour te souvenir de l'ordre des planètes, de la plus proche à la plus éloignée du Soleil, tu peux retenir cette phrase :

Mon Violoncelle Tombe, Mais Je Sauve Une Note

(Mercure, Vénus, Terre, Mars, Jupiter, Saturne, Uranus, Neptune)

Le Soleil est énorme, dix fois plus gros que Jupiter la plus grosse des planètes, cent fois plus gros que la Terre !

6 Saturne est entourée de grands anneaux de glace. C'est la planète la plus impressionnante. Le dieu Saturne est le père de Jupiter.

7 Uranus est le dieu du ciel.

8 Neptune porte le nom du dieu romain de la Mer car elle est toute bleue.

9 Pluton ne fait pas partie du Système solaire. Elle a été reclassée car elle est trop petite pour être considérée comme une planète.

Les astronomes étudient les moindres évolutions des corps célestes. Il ne faut pas les confondre avec les astronautes qui explorent le Système solaire.

LA TERRE ET LE SOLEIL

La Terre tourne sur elle-même en un jour et une nuit, et autour du Soleil en un an. Le Soleil éclaire et chauffe la Terre.

La Terre **tourne sur elle-même**, en 24 heures, un peu comme un poulet à la broche.

On passe du **jour** à la **nuit** à cause de cette rotation de la Terre par rapport au Soleil.

La Lune, elle, tourne autour de la Terre. La Lune fait le tour de la Terre en 27 jours et demi.

La Terre **tourne autour du Soleil** en une année de 12 mois. Mais le Soleil ne réchauffe pas la Terre partout de la même façon. C'est pourquoi il y a des régions froides près des pôles, des régions chaudes près de l'équateur et, entre les deux, des régions tempérées.

Aux extrémités de la Terre, près du **pôle Sud** et du **pôle Nord**, le Soleil est toujours bas dans le ciel : il fait toujours froid. Pendant 6 mois, il n'y a pas de Soleil, c'est la nuit polaire.

Près de l'équateur, le Soleil est toujours haut dans le ciel. Il fait très chaud toute l'année.

CINQ OCÉANS ET SIX CONTINENTS

Sur la Terre, il y a des océans et des continents. Les océans sont beaucoup plus vastes que les continents : ils couvrent les trois-quarts de la surface de la Terre.

• On dit qu'il y a 6 continents : l'Afrique, l'Amérique, l'Antarctique, l'Asie, l'Europe et l'Océanie.

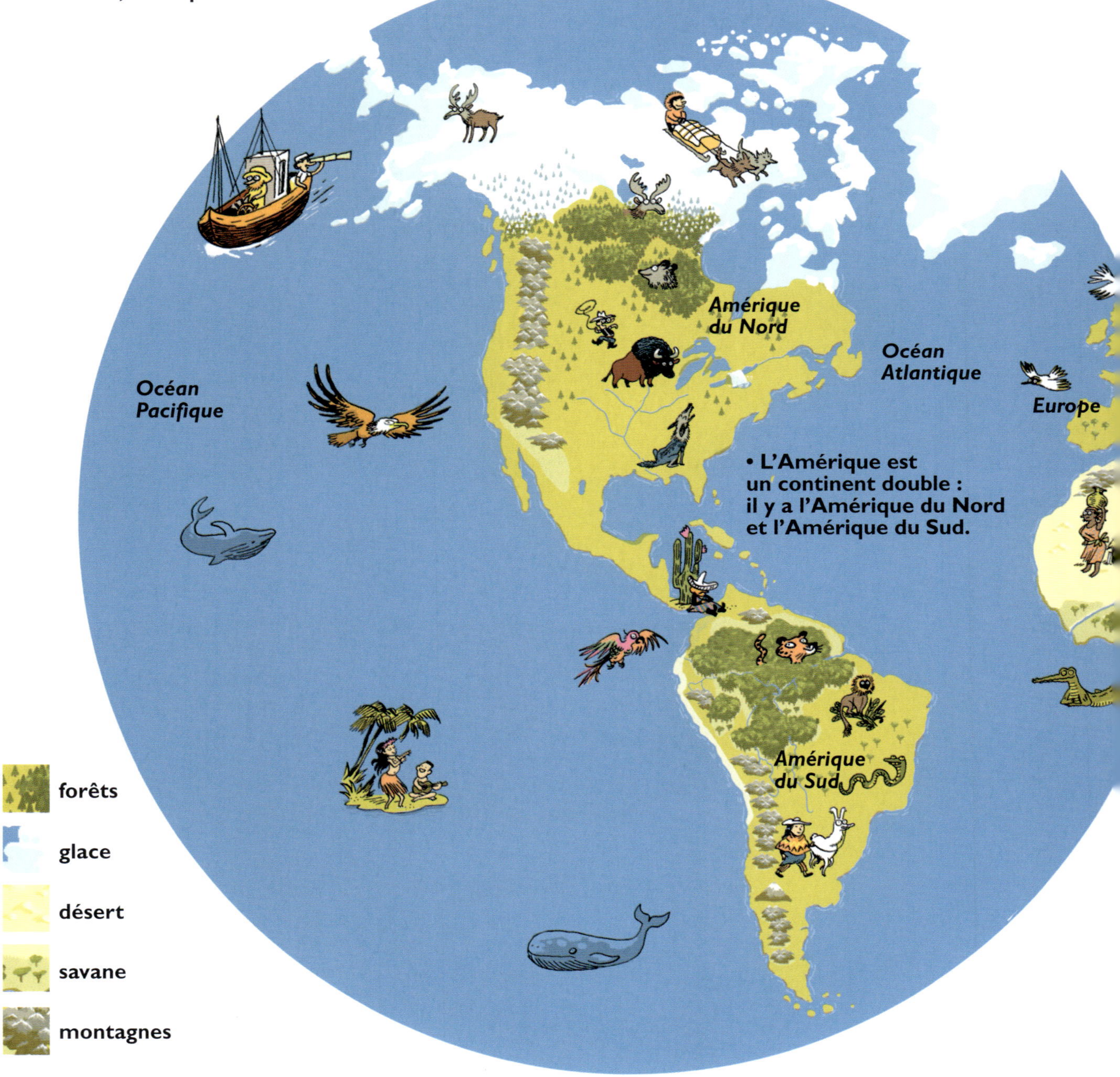

• L'Amérique est un continent double : il y a l'Amérique du Nord et l'Amérique du Sud.

Les continents et le fond des océans ne sont pas plats. Il y a des creux et des bosses, des **plaines** et des **plateaux**, des **montagnes** et des **volcans** : c'est le relief de la Terre.

LES PLAINES ET LES FLEUVES

Les plaines et les plateaux sont les paysages les plus fréquents sur la Terre. Ce sont de vastes étendues plates. Souvent, de grands fleuves les traversent.

Les plaines et les plateaux sont faciles à cultiver ; il est simple d'y circuler.

Les fleuves et les rivières creusent des vallées dans les plaines et les plateaux.

Beaucoup de villes et de villages sont construits au bord des fleuves.

Quand les vallées sont très profondes, elles forment des gorges ou des canyons.

• Le fleuve naît dans la montagne : c'est la source du fleuve.
• Il descend dans la plaine où il coule plus lentement et s'élargit.
• Parfois, le fleuve fait des boucles : ce sont des méandres.
• Le fleuve se jette dans la mer : c'est l'embouchure du fleuve.

LES MONTAGNES

Les montagnes sont les reliefs les plus hauts de la Terre. Elles forment des massifs et de longues chaînes aux sommets pointus.

La plus haute chaîne de montagnes du monde est l'Himalaya, entre l'Inde et la Chine. Son plus haut sommet est **l'Everest** (8 848 m) : on dit que c'est le toit du monde.

Dans la cordillère des Andes, en Amérique du Sud, il y a plus de 2 000 volcans. Certains sont actifs. **L'Aconcagua** est le plus haut sommet des Andes et de l'Amérique (6 959 m).

Le mont Elbrouz (5 642 m), dans le Caucase entre l'Europe et l'Asie, est un volcan éteint.

Les Alpes traversent plusieurs pays d'Europe. **Le mont Blanc** (4 808 m) est le plus haut sommet des Alpes.

MONTAGNES DES PAYS TEMPÉRÉS

- **Plus on monte vers le sommet des montagnes, plus il fait froid. D'abord il n'y a plus d'arbres, puis plus de plantes du tout.**
- **La neige et les glaciers couvrent les pentes des sommets.**
- **La neige et le vent empêchent la végétation de pousser sur les hauteurs, au-delà de 2800 m.**
- **Au bas des montagnes, il y a des forêts et des prairies.**

MONTAGNES DES PAYS CHAUDS

- **Mais dans les montagnes des pays chauds, les plantes montent beaucoup plus haut.**
- **La neige et les glaciers couvrent les pentes des sommets (vers 4 500 m).**
- **Vers 3 500 m, la forêt est remplacée par des herbes et des plantes basses que broutent les vigognes dans les Andes.**
- **La chaleur et l'humidité permettent à la végétation de se développer sur les hauteurs.**

LES CÔTES ET LES ÎLES

Les côtes sont les rivages des mers et des océans, les lieux où les continents et les océans se rencontrent. Au large, les îles sont entourées par la mer.

Souvent, les côtes sont découpées : elles forment des creux et des pointes.

Quand les creux sont petits, ce sont des criques ou des calanques.

Quand ils sont grands, ce sont des baies ou des golfes.

Les pointes de terre forment des caps ou des presqu'îles.

Les plages sont des étendues plates du bord de mer, couvertes de sable ou de galets.

Il y a des côtes sableuses, bordées de longues plages de sable ou de dunes.

Et des côtes rocheuses battues par les vagues.

Parfois, de hautes falaises tombent dans la mer.

Certaines îles sont immenses, comme l'Australie.

D'autres sont toutes petites, comme les atolls du Pacifique.

New York, Tokyo, Rio, certaines des plus grandes villes du monde sont construites au bord de la mer.

LES FORÊTS

Il y a des forêts partout sur la Terre… sauf dans les déserts. Les forêts sont indispensables à la vie de notre planète.

La moitié des forêts de la Terre poussent dans les régions chaudes proches de l'équateur.
Grâce à la chaleur et à l'humidité, les arbres y poussent bien : ils sont très nombreux, très variés et très hauts.

• Dans les forêts des régions tempérées, beaucoup d'arbres perdent leurs feuilles en hiver.

• **La forêt boréale forme une immense étendue monotone autour du pôle Nord. Les forêts boréales représentent un tiers des forêts de la Terre.**

Les arbres des **forêts boréales** sont des conifères : ils peuvent supporter des températures très froides.

Dans les **forêts tempérées** on trouve des chênes, des hêtres, des châtaigniers, des érables, des noyers...

Les forêts de **mangrove** poussent dans la mer, le long des côtes tropicales. Les arbres sont des palétuviers, ils ont les pieds dans l'eau salée.

RECORDS

La planète où il fait **le plus froid** est Uranus. Elle est d'ailleurs essentiellement composée de glace.

Parfois des blocs rocheux tombent sur la Terre. Ce sont des **météorites**. En traversant l'atmosphère, elles s'enflamment et forment les étoiles filantes.

La plus grosse météorite retrouvée sur la Terre n'était pas très grande (2,5 m) mais elle pesait 59 tonnes, soit le poids de 59 grosses voitures !

Le premier astronaute qui a marché sur la Lune est Neil Armstrong, le 21 juillet 1969.

L'atmosphère qui entoure notre planète mesure **1 000 km**. Cela paraît beaucoup, mais ce n'est qu'une mince couche c'air qui enveloppe et protège notre Terre (la Terre fait presque 13 000 km de diamètre) !

400 astronautes

3 800 satellites ont été lancés dans l'espace.

Les plus grands fleuves du monde sont l'Amazone en Amérique du Sud et le Nil en Afrique.

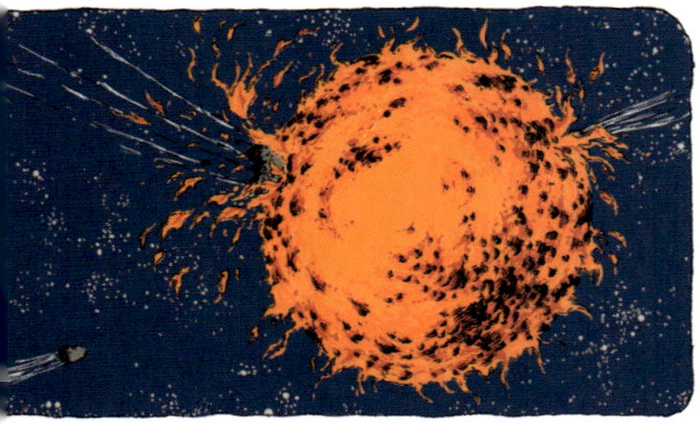

L'HISTOIRE de la TERRE

UNE PLANÈTE PAS COMME LES AUTRES

Notre Terre n'est pas une planète comme les autres car sur la Terre il y a de l'eau, de l'air et une bonne température.

La Terre est la seule planète couverte d'eau liquide. Les océans sont beaucoup plus vastes que les continents et il y a aussi de nombreux fleuves, des lacs et des rivières.

Sur la planète Mars aussi, il y a de l'eau mais seulement sous forme de glace, dans le sous-sol de ses pôles. C'est pourquoi il n'y a ni Martiens, ni animaux, ni plantes sur Mars.

La Terre est la seule planète du Système solaire où il y a de l'air respirable. Notre planète est entourée d'une couche d'air qui la protège : l'atmosphère. Cet air contient de l'oxygène, le gaz qui permet aux plantes, aux animaux et aux hommes de respirer.

On ne peut pas respirer sur la Lune. C'est pourquoi les astronautes portent un scaphandre contenant de l'oxygène.

La Terre a une bonne température car elle n'est ni trop loin ni trop près du Soleil. Elle reçoit suffisamment de lumière du Soleil et les températures sur la Terre ne sont ni vraiment trop chaudes, ni vraiment trop froides, même dans les déserts et aux pôles !

UNE PLANÈTE VIVANTE

Grâce à l'eau, la Terre est la seule planète habitée, la seule planète où la vie a pu se développer, la seule où les hommes peuvent vivre.

Sans eau, il ne peut pas y avoir de vie. La vie sur la Terre est née dans l'eau. Sans eau, les plantes, les animaux, les hommes meurent.

Sur la Terre, tous les êtres vivants contiennent de l'eau, beaucoup d'eau. Les hommes ont besoin de boire presque 2 litres d'eau par jour.

Peut-être existe-t-il dans l'Univers, très loin du Soleil, une autre planète où il y a de l'eau et une bonne température ?

Mais si cette planète existe, elle est bien trop loin pour qu'on puisse l'atteindre, même avec la plus puissante des fusées.

L'eau est présente partout sur la Terre : sous forme liquide dans les mers et les rivières, sous forme de glace sur la banquise et les glaciers, sous forme de vapeur dans l'air et les nuages. C'est toujours la même eau, perpétuellement recyclée, des océans aux fleuves.

LA CRÉATION DE L'UNIVERS ET DE LA TERRE

Mais comment l'Univers et la Terre se sont-ils formés ? Pour comprendre, les scientifiques observent le ciel.

Depuis toujours les hommes s'interrogent. Aujourd'hui, grâce à des instruments très puissants et à des calculs savants, on pense que tout aurait commencé, il y a 15 milliards d'années, par une énorme explosion que l'on appelle le « **Big bang** ».

Très longtemps après ce grand boum, il y a 4,5 milliards d'années, des gaz et des poussières tourbillonnant dans l'Univers se rassemblent et se mettent en boules. Les gaz chauds qui s'amassent au centre forment le Soleil.

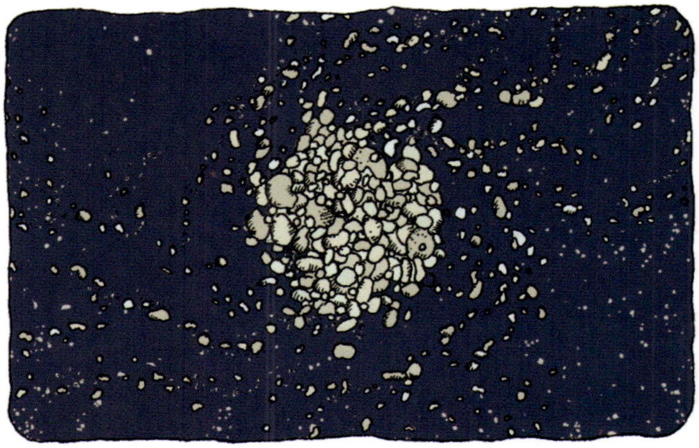

Tout autour, des fragments de poussières et de roches s'agglutinent.

Ils forment les planètes du Système solaire, et donc la Terre.

Pendant encore des millions d'années, ces planètes ne sont que d'énormes boules de feu bombardées de roches en tout genre : météorites, astéroïdes, comètes…

On pense que la Lune serait formée de morceaux arrachés à la Terre lors d'un choc avec une autre planète. Depuis, la Lune tourne autour de la Terre.

Au tout début de sa vie, la Terre ressemble à un immense lac de lave bouillante.

Peu à peu la lave brûlante se refroidit et forme une croûte dure à la surface de la Terre. Les gaz qui s'échappent alors de la lave entourent la Terre : ils forment l'atmosphère.

La Terre continue à se refroidir : la vapeur d'eau contenue dans l'atmosphère se refroidit aussi et se transforme en pluies torrentielles.

Toute cette eau qui tombe sur la Terre forme les océans.

L'APPARITION DE LA VIE SUR LA TERRE

Quand la Terre s'est formée, il n'y avait rien ! Ni plantes, ni poissons dans les mers, ni oiseaux dans le ciel. Puis, les premiers êtres vivants sont apparus dans les océans. Ils étaient microscopiques. C'était il y a 3,8 milliards d'années.

Premiers êtres vivants

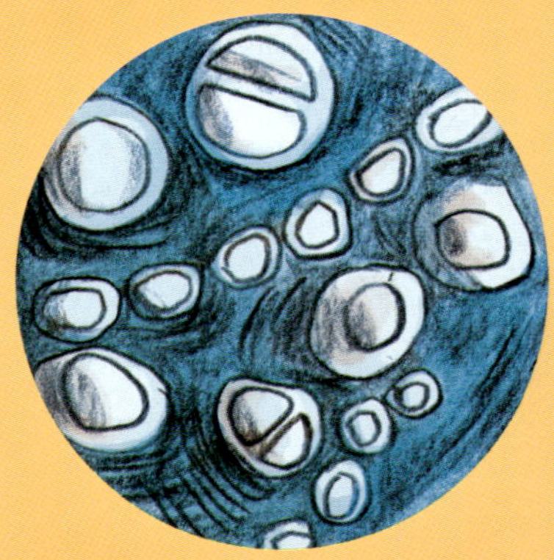

Les premiers êtres vivants sont des microbes, des bactéries. Ils sont à l'origine de tout ce qui vit sur la Terre. Tous les êtres vivants en découlent : les plantes, les animaux et les hommes… Les bactéries sont invisibles à l'œil nu, il faut un microscope pour les voir, mais il y en a partout sur la Terre. Dans notre propre corps, il y a des milliards de bactéries.

Longtemps après
les bactéries,
les **premières plantes** apparaissent :
des algues, puis les **premiers animaux** marins : des sortes de méduses,
des animaux tout simples, tout mous,
sans squelette.

• Les premiers poissons n'ont pas d'écailles, mais des plaques qui leur font une « armure ».

Enfin, **la vie explose dans les océans**. Algues et animaux se multiplient : ce sont les lointains ancêtres des plantes et des animaux d'aujourd'hui. Il n'y a toujours rien sur le sol, les continents sont toujours aussi déserts.

DES PLANTES SORTENT DE L'EAU !

**Les plantes sont les premières à se risquer hors de l'eau.
Les végétaux terrestres deviennent très différents des végétaux marins.**

La nature a « inventé » tout ce qui permet aux plantes de vivre hors de l'eau, de pousser sur la terre ferme.

Dans la mer, les végétaux sont mous et, surtout, ils n'ont pas de problèmes pour se procurer de l'eau. Sur terre, les algues s'aplatissent et se dessèchent vite.

Sur terre, les plantes développent des racines, pour s'accrocher dans le sol et puiser l'eau dont elles ont besoin, et des tiges pour se dresser vers la lumière.

Avec une tige ou un tronc, les plantes se tiennent bien droites, elles ne s'aplatissent pas sur le sol comme des crêpes.

Les plantes ont une petite peau toute fine : la cuticule. Elle protège les jeunes tiges et les feuilles, et évite à la plante de se dessécher, comme une couche de « peinture protectrice garantie 100 % étanche » !

Avec des racines, des tiges et des feuilles, les végétaux peuvent proliférer sur la terre ferme. La Terre se couvre ainsi de forêts luxuriantes.

DES ANIMAUX SORTENT DE L'EAU !

Les animaux marins évoluent eux aussi : ils se transforment et certains deviennent capables de vivre hors de l'eau.

Dans l'eau, les seuls vertébrés (animaux à squelette) étaient les poissons. Et, pour se déplacer sur terre, les nageoires, ce n'est vraiment pas pratique !

La nature a « inventé » les pattes… Les premiers vertébrés à pattes sont les amphibiens.

Les amphibiens actuels sont les grenouilles, les crapauds, les tritons ou les salamandres.

Dans l'eau, les poissons respirent à l'aide de branchies : elles absorbent l'oxygène de l'eau, comme une éponge.

Impossible de les utiliser sur la terre ferme ! Hors de l'eau, les branchies se ratatinent et se dessèchent… comme une vieille éponge.

Voici une nouvelle « invention » pour vivre hors de l'eau : les poumons. Ils font entrer et sortir l'air dans le corps, comme un gonfleur.

Les amphibiens ont des poumons : ils peuvent respirer de l'air. Ils respirent aussi par la peau, sur terre ou dans l'eau.

Pour se reproduire, les poissons pondent des œufs tout mous, qui se dessèchent hors de l'eau.

Les reptiles « inventent » la coquille d'œuf, dure et étanche. Ils peuvent pondre sur terre des œufs qui ne se dessèchent pas.

ET VOICI LES FAMEUX DINOSAURES !

Les dinosaures sont apparus il y a plus de 200 millions d'années et sont devenus très nombreux. Ils ont régné longtemps sur la Terre.

Sur la Terre, en ce temps-là, tous les gros herbivores et les prédateurs les plus redoutables sont des dinosaures.

On trouve les dinosaures dans les plaines, couvertes de mousses et de fougères, et dans les forêts de conifères.

Les dinosaures ont la peau couverte d'écailles et pondent des œufs : ce sont des reptiles terrestres. Ils vivent sur la terre ferme et dans les marécages.

Au temps des dinosaures, les oiseaux n'existent pas encore. Dans le ciel, il y a des reptiles volants : les ptérosaures. Attention ce ne sont pas des dinosaures !

Dans les océans règnent d'autres reptiles qui se sont adaptés à la vie dans l'eau. Eux non plus ne sont pas des dinosaures… ni des poissons !

LA TERRE AUX TEMPS DES DINOSAURES

On a découvert environ 1 000 espèces de dinosaures. Il y en a de toutes sortes, des petits, des gros et des gigantesques.

• Certains dinosaures sont énormes. Le brachiosaure est aussi haut qu'un immeuble de 4 étages et aussi lourd que 80 grosses voitures !

• D'autres sont très petits. Le compsognathus ne mesure qu'un mètre de long et ne pèse que 3,5 kg.

Ils se déplacent sur deux ou quatre pattes. Le struthiomimus court à plus de 50 km/h.

Certains vivent en troupeaux…
ce qui est souvent le cas des herbivores.

D'autres vivent en petits groupes ou seuls…
ce qui est souvent le cas des carnivores.

Pour se protéger, certains ont une cuirasse et des cornes, comme le tricératops.

D'autres ont des « armes » pour se défendre. L'ankylosaure se sert de sa queue comme d'une massue.

LA FIN DES DINOSAURES

Les dinosaures ont disparu de la Terre il y a 65 millions d'années. Leur disparition reste assez mystérieuse.

On explique la disparition de ces géants et de (presque) tous les animaux qui vivaient avec eux sur notre planète de deux façons ou même trois.

Un astéroïde aurait heurté la Terre.

Il y aurait eu d'énormes éruptions volcaniques. Ou les deux à la fois !

Le ciel, envahi de poussières et de fumées cachant le soleil, serait alors devenu tout noir, et le climat glacial. La vie serait devenue impossible. On pense que le monde des dinosaures a disparu en quelques centaines d'années.

Privées de lumière, les plantes sont mortes les premières, entraînant la mort des herbivores… puisqu'ils mangent les plantes, et celle des carnivores… puisqu'ils mangent les herbivores.

Pourtant, certains animaux réussissent à survivre…

APRÈS LES DINOSAURES

La disparition des dinosaures laisse la place à d'autres animaux qui à leur tour se multiplient sur la terre, dans la mer et même dans les airs : les mammifères.

Les premiers mammifères vivent déjà au temps des dinosaures mais ils restent discrets et beaucoup ne sont pas plus gros que des souris.

Les mammifères ont survécu, car ils n'ont pas besoin de beaucoup manger… puisqu'ils sont tout petits.

Ils ont pu résister au manque de lumière et de chaleur, car ils avaient le sang chaud et vivaient la nuit.

Les mammifères se reproduisent d'une façon plus sûre encore que les dinosaures et les oiseaux. Un œuf, ça casse, ça peut être mangé, perdu… les petits mammifères se développent dans le ventre de leur mère.

Les espèces de mammifères se sont ensuite multipliées sur la Terre, elles se sont transformées. Parmi elles, se trouvaient les ancêtres des mammifères que nous connaissons aujourd'hui :

les épicyons sont des lointains parents des chiens ;

les icaronyctéris sont devenus… des chauves-souris ;

les éohippus… des chevaux ;

les dinothériums… des éléphants ;

les pakycétus…

des baleines.

Les mammifères les plus développés sont les primates : ils ont des mains avec des ongles (et pas des griffes) et un gros cerveau (par rapport à leur taille). Ils aiment vivre en groupe.

Les lémuriens…

les singes…

les hommes sont des primates.

LES PREMIERS HOMMES DE LA TERRE

La famille des hommes est apparue sur la Terre il y a plus de 5 millions d'années. Ces très vieux cousins étaient très différents de nous.

Pour faire partie de la famille de l'homme, il faut marcher sur deux pieds.

Les premiers à réellement se tenir debout sont les australopithèques. On en a découvert plusieurs espèces très différentes.

Les australopithèques ont la taille d'un enfant de 10 ans. Ils ne parlent pas, ont très peu d'outils, mais ils marchent souvent sur deux pieds et c'est déjà bien suffisant pour être un « pré-homme ».

Arrivent ensuite des ancêtres plus humains. Ils ne marchent pas encore très bien mais fabriquent les premiers vrais outils : c'est pourquoi on les appelle Homo habilis, les hommes habiles.

Le premier vrai marcheur c'est Homo erectus, l'« homme debout ». Il parcourt de longues distances. De génération en génération, il se répand dans toute l'Afrique et part vers l'Asie et l'Europe.

Les erectus font une découverte extraordinaire : **le feu**.

NOUS, LES HOMO SAPIENS

Homo sapiens ou « homme savant » apparaît sur la Terre il y a environ 300 000 ans. C'est notre ancêtre direct, celui de tous les hommes vivant aujourd'hui sur la Terre.

Il existe deux groupes d'Homo sapiens : l'homme de Neandertal, qui a aujourd'hui disparu, et l'homme actuel.

L'Homo sapiens le plus célèbre est l'homme de Cro-Magnon. C'est lui qui a créé les belles peintures des cavernes.

Nos ancêtres Cro-Magnon vivent en petits groupes et se déplacent de campements en campements : ce sont des nomades.

Les Cro-Magnon fabriquent toutes sortes d'outils de bois, de pierre et d'os pour chasser et pêcher, des aiguilles pour coudre leurs habits de peaux, des lampes pour s'éclairer…

Pour se nourrir, ils chassent, pêchent et ramassent des plantes, des œufs, des coquillages…

Enfin, des hommes préhistoriques découvrent l'agriculture et l'élevage : ils récoltent les grains de blé et d'orge sauvages pour les faire pousser, et domestiquent les moutons et les chèvres sauvages. Une nouvelle époque commence.

Les hommes construisent alors les premiers villages.

MAIS COMMENT SAIT-ON TOUT CELA ?

Tout au long de l'histoire de la Terre, des végétaux, des animaux et même des hommes se sont succédé. Quelques-uns ont laissé des traces : les fossiles.

Les fossiles sont des restes ou des empreintes d'êtres vivants qui ont vécu il y a très très longtemps et ont disparu. C'est l'étude des fossiles qui permet de mieux comprendre l'histoire de la Terre.

Pour reconstituer les ancêtres de l'homme, les paléontologues (les savants qui étudient les fossiles) n'ont retrouvé que quelques os, quelques crânes, quelques dents.

Avec les dinosaures et les mammouths, les paléontologues ont eu plus de chance car certains squelettes ont été conservés quasiment entiers. On peut les voir dans les musées.

On peut aussi retrouver des empreintes de coquillages ou de plantes fossilisées dans les rochers.

On a même retrouvé des traces fossilisées de pas d'australopithèques, les plus anciens représentants des ancêtres des « hommes ».

COMMENT SE FORME UN FOSSILE ?

Pour qu'un fossile se forme, il faut toutes sortes de conditions favorables. C'est pourquoi les fossiles de dinosaures et d'hommes préhistoriques sont assez rares.

Si l'animal tombe au fond de la mer ou d'un lac, il arrive que son squelette soit recouvert de couches de vase qui vont le protéger.

Parfois, les couches qui enveloppent le squelette se transforment en roches… et le squelette aussi. Il va devenir un fossile.

Des millions d'années plus tard, les transformations de la Terre font remonter ces couches de roches à la surface du sol. Parfois les roches usées laissent apparaître les fossiles.

On retrouve même des fossiles de coquillages au sommet des montagnes. Ces fossiles se sont formés de la même façon : au fond des mers. Mais ensuite, de gigantesques mouvements du so ont compressé, plissé les couches de roches, et ont formé des mortagnes… au sommet desque les on retrouve des coquillages marins.

COMMENT APPARAISSENT LES ESPÈCES ?

Grâce aux fossiles, nous savons que les nombreuses espèces de plantes et d'animaux qui existent et ont existé sur la Terre ont de lointains ancêtres communs. Mais comment cette évolution, d'une espèce à l'autre, s'est-elle déroulée ?

Comment, par exemple, notre girafe a-t-elle acquis son long cou ? Comment a-t-elle remplacé les girafes à petit cou ?

On sait que l'ancêtre de la girafe actuelle avait un petit cou. Comment et pourquoi ce cou s'est-il allongé ?

On a d'abord imaginé que pour pouvoir manger les feuilles les plus hautes, les ancêtres de la girafe ont « tiré » sur leur cou… qui se serait allongé au fur et à mesure des générations.

Ce n'est pas la bonne solution. Si on coupe la queue d'une souris, ses petits ne naissent pas sans queue ! Le cou des petits ne s'allonge pas parce que leurs parents ont tiré sur le leur.

Mais si, par hasard, une girafe naît avec un cou un peu plus long que les autres… elle peut attraper des feuilles plus hautes que les autres.

Mieux nourrie cette girafe à cou long va pouvoir vivre plus longtemps. Elle aura donc plus de chances d'avoir plus de descendants qui auront eux aussi un long cou. Les girafes à longs cous deviendront de plus en plus nombreuses et ainsi de suite pour arriver à notre girafe actuelle.

Ces girafes au grand cou sont mieux « adaptées » dans la lutte pour la vie.
On dit qu'elles sont « sélectionnées » par la nature.

LA NATURE SÉLECTIONNE LES ESPÈCES

Les espèces les mieux adaptées à leur milieu survivent, les autres disparaissent. C'est ce que l'on appelle la « sélection naturelle ».

Ce phénomène de sélection naturelle est bien montré par l'exemple de la phalène du bouleau.

La phalène est un papillon qui peut être noir ou blanc. Elle vit sur le tronc des bouleaux et est chassée par les oiseaux.

Quand il n'y avait pas d'usines, la phalène blanche dominait, car les troncs des bouleaux étaient bien blancs. Les oiseaux attrapaient surtout les phalènes noires, plus faciles à repérer.

Avec la fumée des usines, les troncs des bouleaux deviennent noirs : les papillons blancs sont bien visibles, ils sont mangés par les oiseaux. Les papillons noirs, bien cachés, ne sont plus mangés… ils deviennent donc peu à peu de plus en plus nombreux.

Quand les usines ferment, les bouleaux redeviennent blancs… et, au bout de quelques années, les papillons aussi !

Bien sûr, tout ne se passe pas aussi simplement. Toutes sortes d'espèces de plantes et d'animaux ont disparu lors de grandes catastrophes, comme celle qui a tué les dinosaures. D'autres espèces très différentes sont alors apparues.

DE NOUVELLES ESPÈCES

Lorsqu'une espèce disparaît de la Terre, sa place peut être prise par une nouvelle espèce. C'est ce qui s'est passé après la disparition des dinosaures.

Les ptérodactyles sont des reptiles volants du temps des dinosaures.

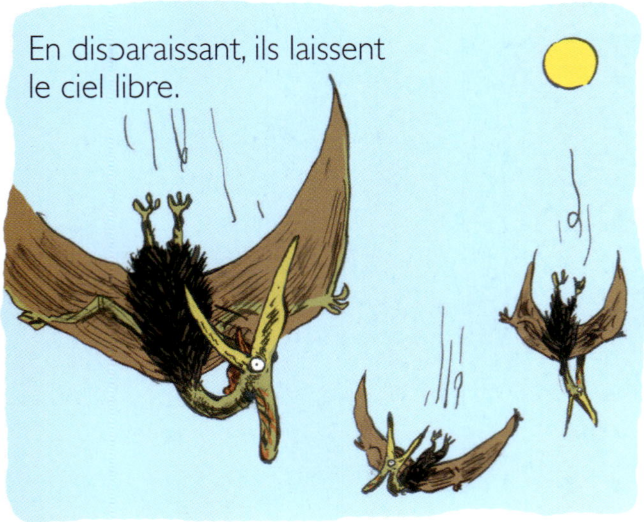

En disparaissant, ils laissent le ciel libre.

Ils sont remplacés par des animaux capables, eux aussi, de voler : les oiseaux.

Les dinosaures herbivores, tels que les diplodocus ou les tricératops, sont remplacés par d'autres herbivores… et ainsi de suite jusqu'aux animaux d'aujourd'hui.

Les carnivores comme le tyrannosaure et le vélociraptor sont remplacés par d'autres carnivores comme le tigre à dents de sabre…

… et, longtemps après, par l'homme.

LES ÊTRES VIVANTS COLONISENT LA TERRE

Comment les plantes et les animaux ont-ils fait pour s'installer quasiment partout sur la Terre, jusque dans les îles perdues au milieu des océans ?

Les graines des plantes sont « voyageuses ». Elles sont emportées par le vent. Elles ont des formes leur permettant de « voler ».

Elles peuvent aussi s'accrocher aux plumes des oiseaux

ou être mangées et être rejetées dans les crottes.

La noix de coco flotte bien et elle est protégée par une enveloppe résistante. Elle est emportée par la mer, puis, rejetée sur une plage où elle donnera un jeune cocotier.

Certains oiseaux peuvent parcourir de longues distances. Les insectes utilisent aussi le vol, mais c'est surtout le vent qui les pousse

Certains petits animaux sont emportés par des « radeaux naturels », tels que des morceaux de bois flottant.

Sur les îles trop éloignées des continents, on ne trouve jamais de gros animaux. Difficile de transporter un éléphant ou un lion sur un morceau de bois !

LES ESPÈCES DISPARAISSENT

Presque toutes les espèces de plantes et d'animaux apparues à un moment de l'histoire de la Terre ont un jour disparu.

Depuis l'apparition de l'homme sur la Terre, de nouvelles espèces ont disparu à cause des changements de climat.

Les tigres à dents de sabre et les grands mégacéros étaient nombreux jusqu'à une période récente.

Le grand rhinocéros laineux vivait dans les régions froides. Les hommes préhistoriques l'ont souvent peint dans les grottes. Il a peut-être disparu à cause du réchauffement du climat.

L'ours des cavernes est le plus grand ours ayant jamais existé. On ne sait pas pourquoi il a disparu.

Le mammouth, que chassaient les hommes préhistoriques, a disparu il y a 10 000 ans. Sans doute aussi à cause du réchauffement du climat.

LES GRANDES ÉTAPES DE LA VIE SUR TERRE

Les premiers êtres vivants se sont développés dans l'eau, ils se sont transformés, multipliés, d'abord dans l'eau puis sur la terre ferme…

• Les dinosaures dominent la Terre pendant près de 140 millions d'années.
• Les mammifères prolifèrent après la disparition des dinosaures.
• Puis les hommes deviennent maîtres de la Terre.
• Premier requin
• Poisson à nageoires charnues
• Les baleines sont des mammifères retournés dans la mer.
• Reptile marin

RECORDS

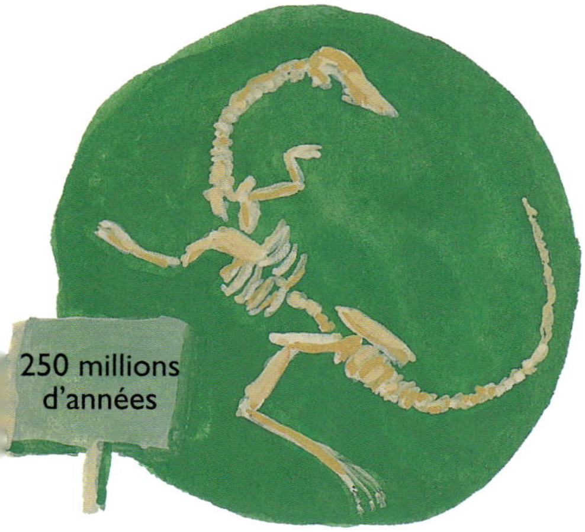

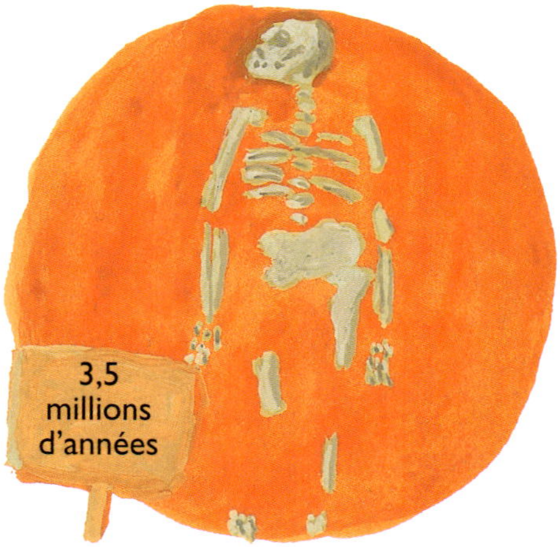

Les plus anciens fossiles de dinosaures datent d'environ 250 millions d'années. L'australopithèque Lucy a 3,5 millions d'années. En comparaison, le plus vieux mammouth, retrouvé congelé dans la glace sibérienne, paraît bien jeune avec ses 23 000 ans !

Les fossiles d'animaux les plus anciens ont été trouvés **en Australie**. Ce sont essentiellement des vers primitifs et des méduses.

Actuellement, l'animal **le plus gros** sur Terre est un mammifère marin, le rorqual bleu. Il peut mesurer jusqu'à 32 mètres de long, ce qui est très proche des plus gros dinosaures découverts dans la terre…

Le dinosaure **le plus rapide**, Dromiceiomimus, pouvait se déplacer à plus de 70 km/h.

Le plus vieil arbre de la Terre a 4 700 ans.
Il se trouve en Califormie, aux États-Unis.

Certaines tortues peuvent vivre **200 ans**.

Le tronc de l'arbre le plus gros mesure 31 mètres ! C'est un séquoia géant d'Amérique.

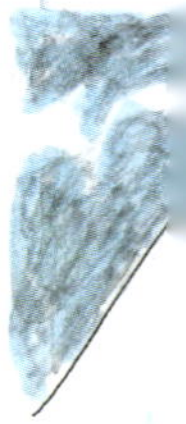

La VIE de notre PLANÈTE

QU'Y A-T-IL À L'INTÉRIEUR DE LA TERRE ?

On compare souvent la Terre à un oignon, car elle comporte plusieurs couches… ou à une cerise parce qu'elle a une peau fine et un noyau dur.

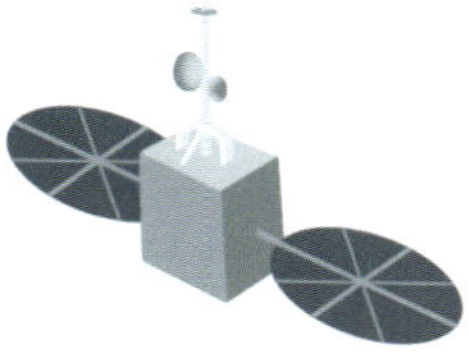

• **Une couche de gaz entoure la Terre et la protège. C'est l'atmosphère.**

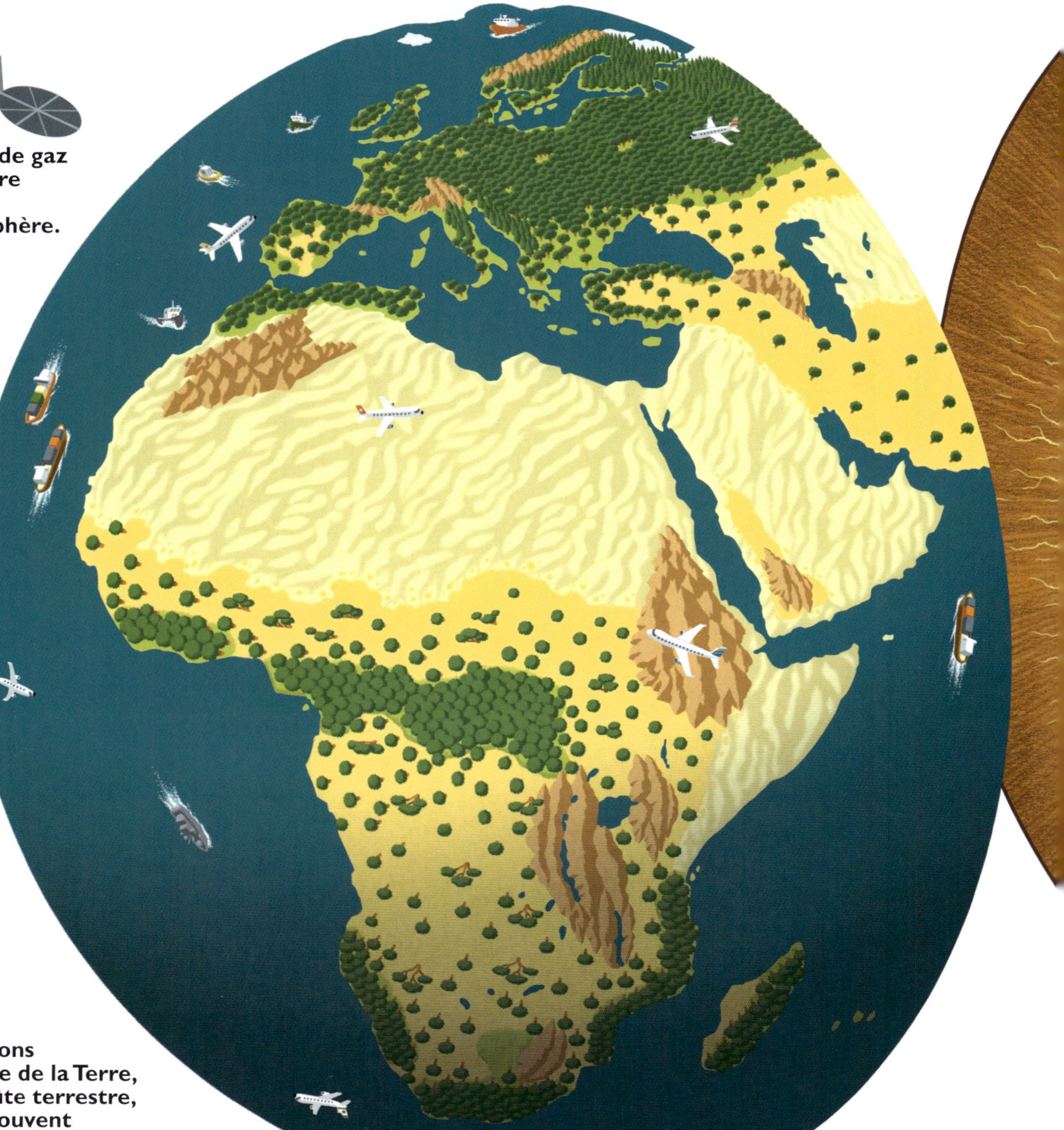

• **Nous vivons à la surface de la Terre, sur la croûte terrestre, là où se trouvent les continents et les océans.**

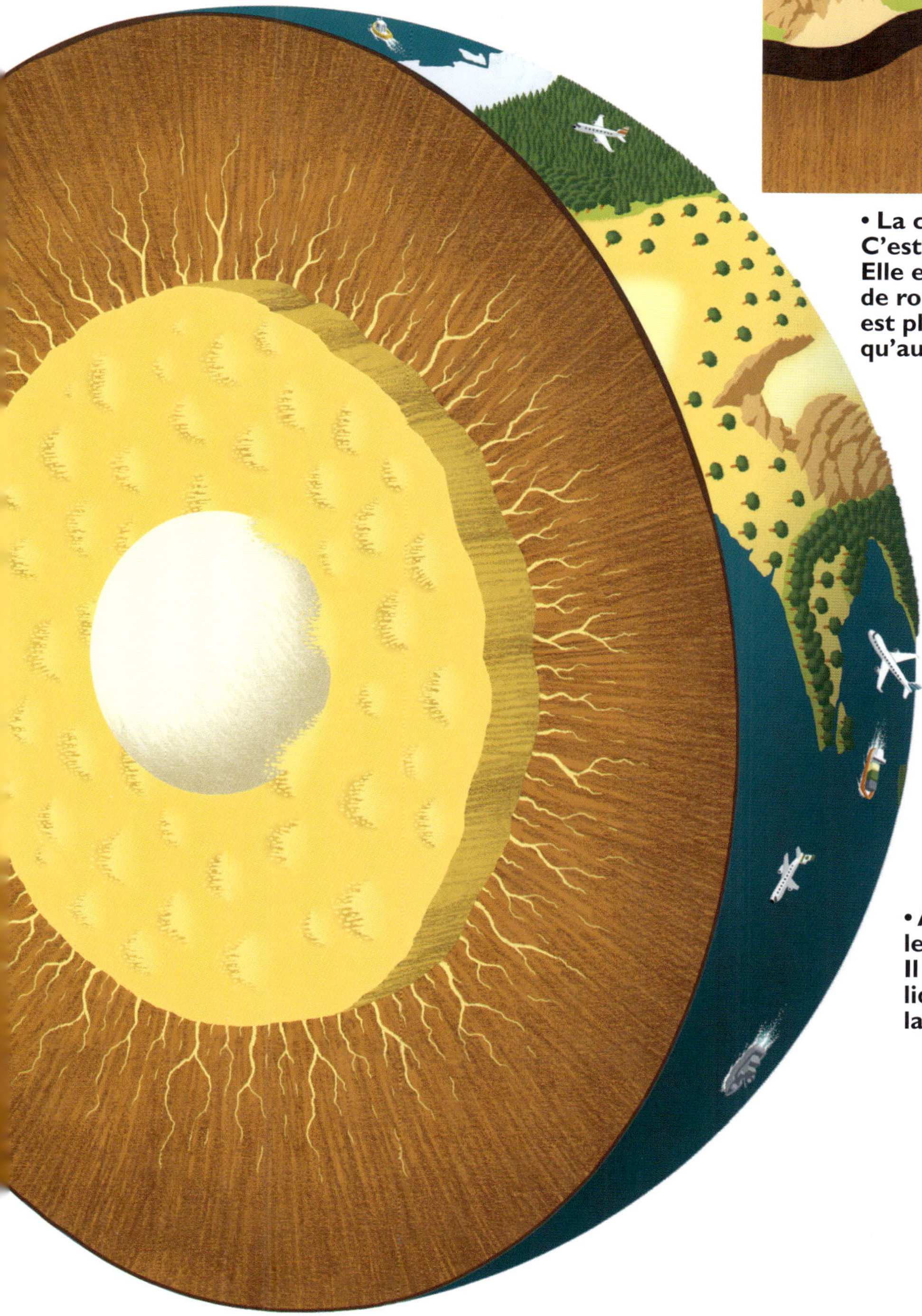

• **La croûte terrestre est très fine. C'est la « peau » de la Terre. Elle est formée d'une couche de roches dures. La croûte terrestre est plus fine sous les océans qu'au niveau des continents.**

• **Sous la croûte terrestre, il y a le manteau. Cette couche épaisse est formée de roches brûlantes plus ou moins liquides.**

• **Au centre de la Terre, le noyau est brûlant. Il est composé d'une couche liquide et d'une couche solide : la graine.**

La croûte terrestre n'est pas lisse comme la peau d'une cerise.
À la surface des continents et sous les océans, il y a des montagnes et des volcans, des plaines et des plateaux, des fosses et des canyons…

LES CONTINENTS BOUGENT

Sur la Terre, les continents et les océans n'ont pas toujours été à la même place. Ils ont dérivé lentement, comme de grands radeaux.

En observant les contours de l'Afrique et de l'Amérique, des scientifiques ont remarqué que ces deux continents s'emboîtent parfaitement… On a aussi trouvé les mêmes animaux fossiles en Afrique et en Amérique…

On a ainsi compris qu'au début de l'histoire de la Terre, l'Afrique et l'Amérique n'étaient pas séparées… et donc que les continents se déplacent, dérivent. C'est ce qu'on appelle la dérive des continents.

Au début, la Terre est formée d'un seul grand continent et d'un immense océan.

Puis, les continents commencent à se séparer.

À la fin de l'époque des dinosaures, l'Amérique s'éloigne de l'Europe et de l'Afrique.

L'Inde, qui s'est détachée de l'Afrique, se colle à l'Asie.

La Terre d'aujourd'hui est encore différente.
Et les continents continuent de bouger.
L'Europe et l'Amérique continuent de s'éloigner l'un de l'autre de 2 ou 3 cm par an.

LE PUZZLE DE LA TERRE

Mais pourquoi les continents se sont-ils déplacés ? Pourquoi continuent-ils à bouger ?

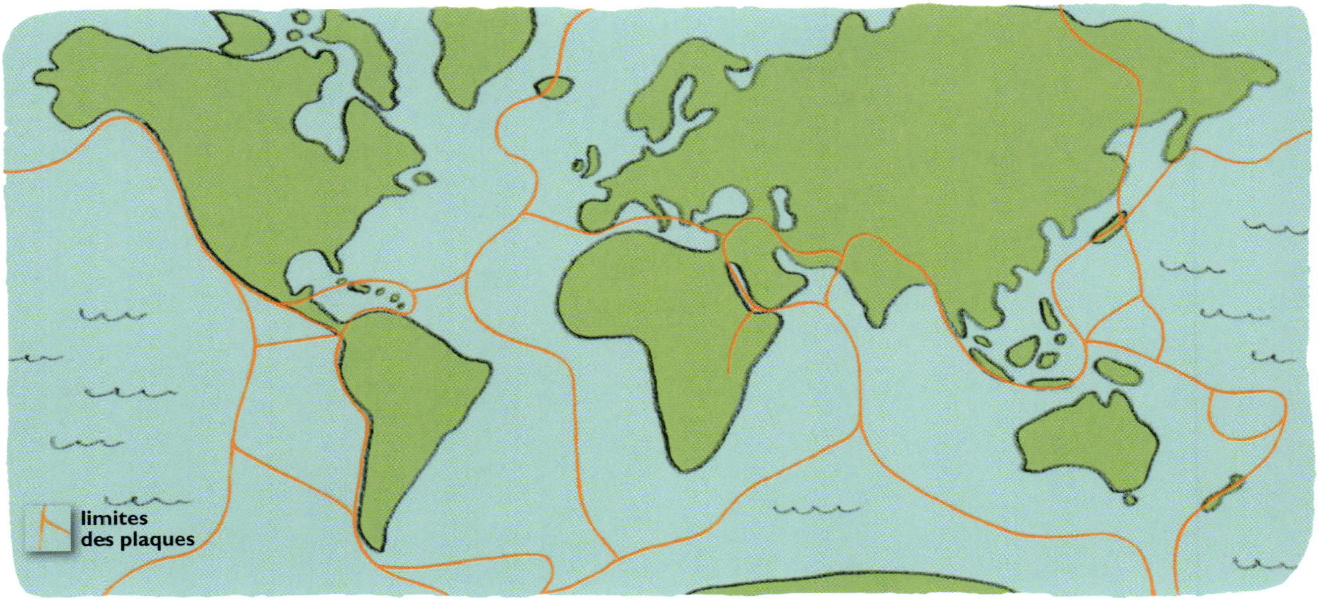

La croûte terrestre qui porte les continents et les océans n'est pas faite d'un seul morceau. Elle est découpée en 12 grandes plaques emboîtées les unes dans les autres comme un puzzle géant. Ce sont ces plaques qui bougent.

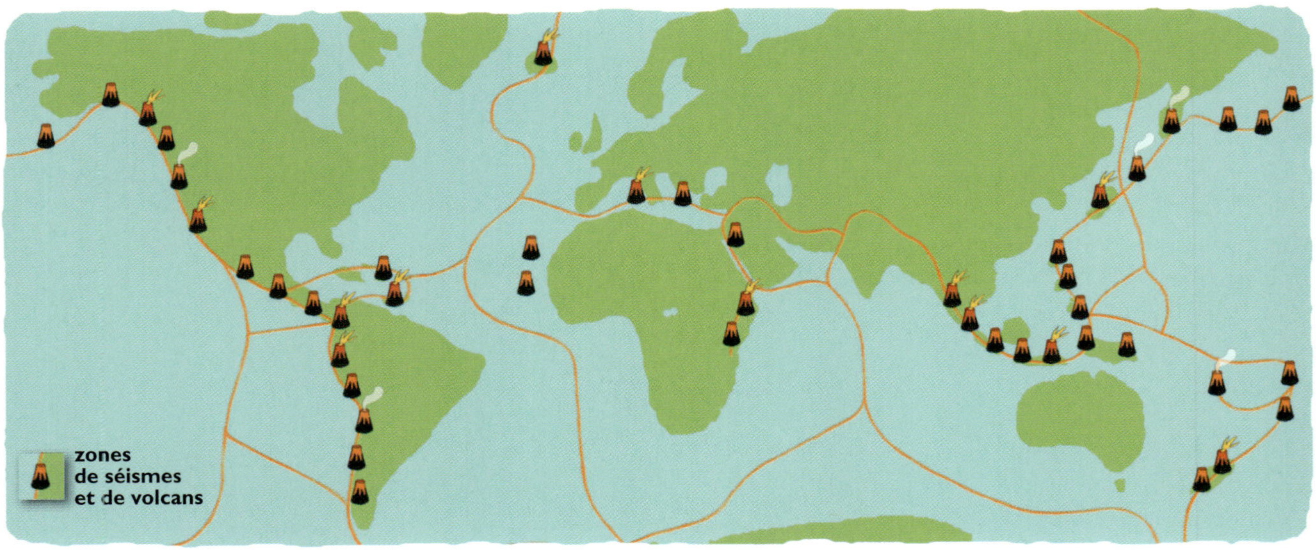

Et ce sont les mouvements des plaques qui provoquent les tremblements de terre, certaines éruptions volcaniques et les tsunamis.

Ce sont aussi les mouvements des plaques qui sont à l'origine des montagnes. L'Himalaya s'est formée quand l'Inde s'est rapprochée de l'Asie.

L'Himalaya est la chaîne de montagne la plus haute de la Terre : 8 848 m.

Les Alpes ont surgi quand la plaque africaine s'est cognée à la plaque européenne.

LES VOLCANS

Il existe environ 600 volcans actifs dans le monde, une douzaine fument en permanence. Les hommes se sont habitués à vivre au pied des volcans.

Il y a des volcans actifs, c'est-à-dire qui entrent plus ou moins souvent en éruption, des volcans en sommeil, qui ne sont pas actifs mais pourraient le devenir, et des volcans éteints, qui ne risquent plus d'entrer en éruption.

Au sud de l'Italie, l'Etna entre en éruption régulièrement. C'est l'un des volcans les plus surveillés au monde.

Le Stromboli, un autre volcan italien, est actif en permanence. Dans l'Antiquité il était utilisé par les marins comme phare naturel.

Le Kilimandjaro, en Afrique, est un volcan éteint.

Le Fuji-Yama est lui aussi un volcan éteint. C'est le symbole du Japon.

Les volcans sont aussi très nombreux dans les océans. Certains ont formé des îles paradisiaques dans l'océan Pacifique.

Parfois, un récif de corail se forme autour d'un volcan au milieu de l'océan.

Lorsque le volcan s'éteint, il s'enfonce dans l'eau, mais le corail continue de se développer.

Quand le volcan disparaît totalement sous l'eau, il ne reste plus que le corail : c'est un atoll.

Sur les pentes des volcans, la terre est très fertile : la lave et les cendres sont bonnes pour la croissance des plantes. C'est pourquoi les gens installent leurs champs et leurs maisons au pied de volcans parfois dangereux…

QUAND LE VOLCAN SE RÉVEILLE

Les volcans sont des montagnes d'où sortent des roches brûlantes et liquides qui viennent de l'intérieur de la Terre.

Lorsqu'un volcan se réveille, des roches brûlantes, des gaz, des cendres, des cailloux sortent du cratère : c'est une éruption volcanique.

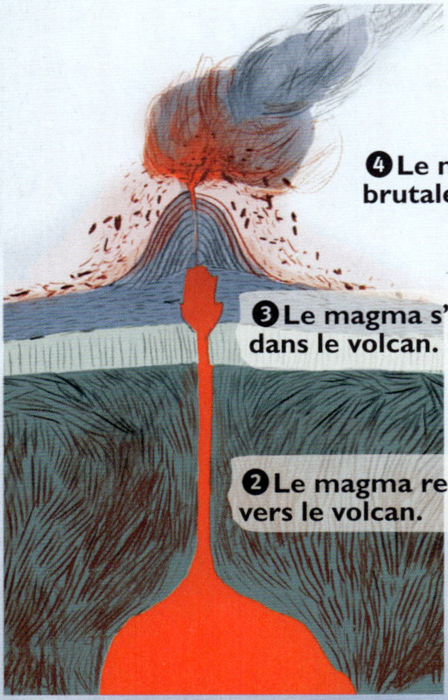

❺ En sortant du cratère, le magma s'écoule sur les pentes du volcan : il forme la lave. Des nuages de gaz brûlants et de cendres se répandent dans l'air.

ÉRUPTIONS VOLCANIQUES

Certaines éruptions volcaniques sont très dangereuses, d'autres moins. Cela dépend de la nature de ce qui sort du volcan.

Si la lave qui sort du volcan est liquide, elle peut s'écouler facilement sur ses pentes et rejeter ses gaz en refroidissant. Il n'y a pas d'explosion. La population a le temps de fuir.

Si la lave est plus épaisse, elle a du mal à s'écouler et se dégaze mal. Le volcan projette au loin des pierres brûlantes et des nuages de gaz et de cendres beaucoup plus dangereux.

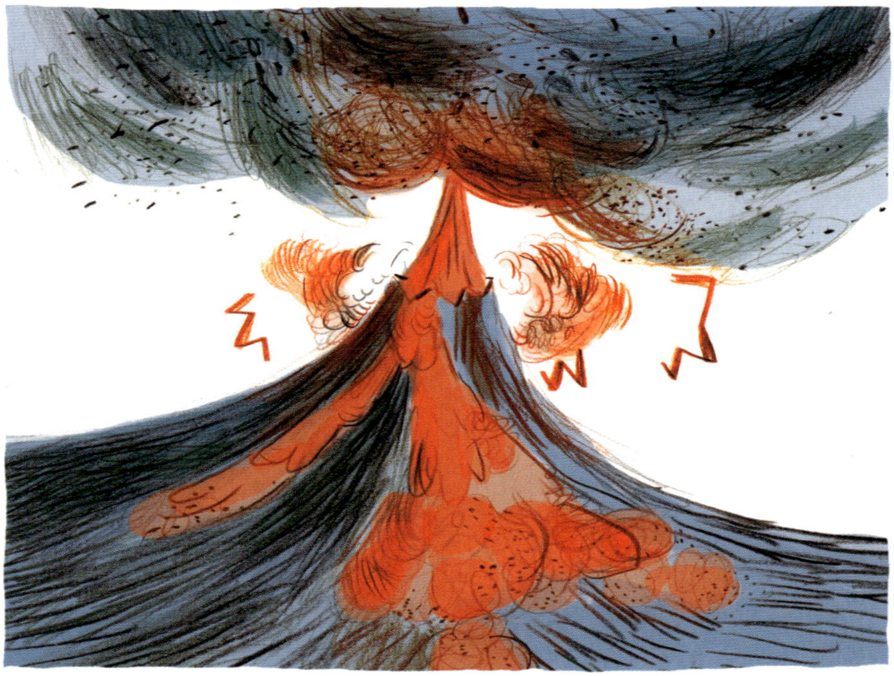

Si la lave est très épaisse, elle ne s'écoule pas et bouche la cheminée. Les gaz emprisonnés provoquent une explosion redoutable qui projette un énorme nuage de gaz, des cendres et des blocs de lave brûlante. La lave arrive à la surface en moussant et dévale les pentes à toute vitesse, un peu comme lorsqu'un bouchon de champagne saute… Mais c'est beaucoup plus grave !

En Islande, certains volcans sont toujours actifs. En 1973, une éruption se déclenche au milieu d'une petite île et commence à ensevelir les maisons.

La coulée devient menaçante pour le petit port de pêche qu'elle risque de boucher. Tout le pays se mobilise pour trouver une solution…

On décide d'arroser pendant des mois la coulée pour que la lave se solidifie rapidement, et donc progresse moins vite vers le port.

Et c'est gagné ! La coulée ne bouche pas le port. Elle a même formé une digue naturelle encore plus efficace contre les tempêtes.

POMPÉI

Le Vésuve est un volcan d'Italie toujours actif aujourd'hui. Au temps des Romains, il a enseveli en quelques heures la ville de Pompéi sous les cendres brûlantes.

Sous la cendre

Presque 2 000 ans après cette catastrophe, on a retrouvé Pompéi et ses habitants quasiment intacts dans leur « croûte » de cendres durcies..

LES SÉISMES

Tous les jours, la terre tremble quelque part : plus d'un million de tremblements de terre se produisent chaque année dans le monde. Heureusement, la plupart sont très faibles et sans danger !

Les scientifiques appellent les tremblements de terre des « séismes ». Ils sont provoqués par les mouvements des plaques de la croûte terrestre. Ils peuvent ébranler les roches du sol sur lequel nous vivons. Et parfois même les casser…

Lorsqu'un séisme se déclenche, il crée des vibrations qui se propagent à la surface du sol, un peu comme l'onde qui se propage dans l'eau lorsqu'on y jette une pierre.

Ces ondes de choc font trembler le sol. Si les tremblements sont très rapides, ils peuvent provoquer des catastrophes.

Les tremblements de terre au fond de l'océan peuvent provoquer des tsunamis : des vagues géantes s'abattent sur les côtes et détruisent tout en quelques instants.

PETITES EXPÉRIENCES SISMIQUES

Pourquoi certains séismes font-ils beaucoup de dégats? Voici quelques expériences pour mieux comprendre.

Accroche une corde à une porte. Demande à un ami de la tenir tendue et de taper à son extrémité. Tu vois l'onde qui progresse : le microséisme qu'il a créé se propage sur la corde vers la porte. Un séisme se propage dans le sol de la même manière.

Pose deux cartes par terre, l'une contre l'autre.

Éloigne-toi de deux mètres et tape du pied.

Le séisme que tu viens de créer se propage dans le sol… et fait tomber les cartes.

Fais la même expérience, mais en te plaçant un peu plus loin. Tape du pied avec la même force. Tu constates que les cartes ne tombent pas.

Lors d'un tremblement de terre, c'est la même chose. Plus les habitations sont proches de l'origine du séisme (on dit le foyer du séisme), plus les dégâts sont importants.

Recommence l'expérience avec les cartes en sautant beaucoup plus fort.

Les cartes tombent.

De la même façon, plus l'intensité d'un séisme est forte, plus les dégâts sont importants.

L'ÉCHELLE DE RICHTER

Aux informations, quand on parle d'un tremblement de terre, on dit par exemple qu'il est « de 6 sur l'échelle de Richter ». Cette « échelle » évalue la force du séisme selon les dégâts qu'il a provoqués. Elle est graduée de 1 à 9.

❶ Aucun mouvement n'est perçu par les habitants.

❷ Quelques personnes peuvent sentir un mouvement si elles sont au repos ou dans les étages élevés des immeubles.

❸ À l'intérieur des bâtiments, on sent un léger mouvement.

❹ Les objets suspendus bougent, mais aussi les fenêtres, les plats, les loquets de porte.

❺ Les personnes sommeillant sont réveillées. Les portes claquent, la vaisselle se casse, les arbres oscillent, les liquides peuvent déborder.

❻ **Les gens ont du mal à marcher, les objets tombent, les arbres et les buissons sont secoués. Des dommages légers peuvent se produire dans des bâtiments mal construits.**

❼ **Les gens ont du mal à tenir debout. Les voitures sont secouées. Les dommages sont modérés dans les bâtiments bien construits, mais peuvent être considérables dans les autres.**

❽ **La plupart des bâtiments et leurs fondations sont détruits. De larges fissurent apparaissent sur le sol.**

❾ **Le dernier échelon n'a pas été mesuré. Tout serait détruit : la plupart des constructions, les ponts, les conduits souterrains…**

COMMENT SE PROTÉGER DES SÉISMES ?

Le Japon est situé dans une des régions du monde les plus menacées par les tremblements de terre. C'est pourquoi les écoliers japonais s'entraînent régulièrement et des précautions sont prises pour protéger la population.

Dès la première secousse, il faut se mettre sous une table et bien s'accrocher…

… ainsi, si un plafond tombe, on est protégé.

Dans la rue, il faut s'éloigner des immeubles pour éviter de se faire écraser.

Pour résister à de fortes secousses, les immeubles modernes sont bien ancrés dans le sol.

Des bouées sont placées au large des côtes pour repérer tout mouvement anormal de la mer. Si elles détectent un tsunami, elles déclenchent une alerte et les côtes sont évacuées.

Après un séisme, on doit :

couper l'eau, l'électricité et le gaz ;

ne pas allumer de bougies ;

ne pas fumer ;

ne pas toucher aux fils électriques ;

s'éloigner de tout ce qui peut s'effondrer ;

ne pas prendre l'ascenseur ;

et, surtout, bien suivre les consignes.

LES ROCHES

Le sol est formé de roches plus ou moins dures, plus ou moins granuleuses. Cela dépend de la façon dont elles ont été formées. Les roches que l'on voit autour de nous racontent l'histoire de la Terre.

Certaines roches ont été formées par le magma venu des profondeurs de la Terre. Le basalte est une roche noire et lourde. Elle provient du magma rejeté par les volcans, la lave.

Le granite est une autre roche provenant du magma, mais elle n'est pas passée par les volcans.

Les roches formées par des couches de débris (les sédiments) sont des roches sédimentaires. Certaines, comme le sable, ne sont pas dures. L'argile est formé de grains très fins.

Si des restes tels que des coquillages se sont accumulés au fond des océans, la roche sédimentaire formée est le calcaire.

Lorsque les chaînes de montagnes sont apparues, certaines roches ont été écrasées, échauffées. Elles ont changé de forme et d'aspect. Le calcaire s'est transformé en marbre et l'argile en ardoise.

Le marbre est une belle roche, dure et fine. On l'utilise pour faire des statues et des monuments.

L'ardoise est une roche qui ressemble à un mille-feuille noir. On l'utilise dans certaines régions pour faire des toitures.

LES MINÉRAUX

Dans de nombreuses roches, on voit des cristaux : ce sont comme les petites pièces du « puzzle » qui constitue ces roches. On les appelle des minéraux.

Amuse-toi à observer les roches autour de toi. Tu verras dans certaines des grains roses, blancs, noirs ou grisâtres. Ce sont des minéraux. Le minéral le plus connu est le quartz : il est grisâtre.

Pour comprendre pourquoi certains minéraux sont plus gros que d'autres, tu peux faire cette expérience avec l'aide d'un adulte.

Dans une grande casserole, mets deux poignées de gros sel et 1 cm d'eau.

Avec l'aide d'un adulte, fais chauffer la casserole jusqu'à ce que toute l'eau soit évaporée.

Regarde au fond de la casserole : il reste une couche de sel… très fin.

Réalise maintenant la même expérience, mais laisse l'eau salée s'évaporer doucement dans un coin de la cuisine.

Après plusieurs jours, il n'y aura plus d'eau dans ta casserole… mais de jolis cristaux de sel !

Tu as constaté que plus les minéraux ont du temps pour se développer… plus ils sont gros.

Les cristaux du granite sont bien visibles car cette roche est restée dans la croûte terrestre avant d'atteindre la surface : elle a refroidi lentement à l'intérieur de la Terre. On ne voit pas de cristaux sur le basalte : il s'est formé en sortant d'un volcan et s'est vite refroidi à l'air libre.

PIERRES PRÉCIEUSES

Certains minéraux sont très rares et surtout très beaux. Et plus ils sont gros, plus ils sont rares et chers : ce sont les fameuses pierres précieuses des bijoux.

Le diamant est translucide. C'est la pierre la plus dure, la plus chère et la plus rare.

Le rubis est d'une belle couleur rouge.

L'émeraude est une pierre de couleur verte.

Le saphir est une pierre transparente bleue.

Quand on trouve ces pierres précieuses au fond des mines, elles sont « brutes ». Elles ne sont pas aussi belles : les bijoutiers doivent les tailler pour fabriquer des bijoux.

L'or est utilisé depuis longtemps pour faire des bijoux et des objets précieux.

Mais aussi comme monnaie d'échange, sous forme de pièces ou de lingots.

L'ÂGE DE PIERRE

Avant de découvrir comment utiliser des métaux, le bronze ou le fer, les hommes préhistoriques se servaient de pierres. On appelle cette époque : l'âge de pierre.

Les trous dans les rochers ou les falaises servaient d'abris.

Les hommes préhistoriques fabriquaient leurs outils avec des pierres faciles à tailler : les silex.

En taillant les pierres sur les deux faces ils obtenaient des… bifaces, pointus et tranchants. Ils les utilisaient comme des couteaux ou comme des pointes de lances.

Certaines pointes de flèches étaient magnifiquement sculptées, aussi belles que des bijoux. Elles servaient peut-être de monnaie.

Les pierres étaient aussi très utiles pour la cuisine. Les grandes pierres plates servaient à broyer les grains pour fabriquer de la farine.

Les pierres servaient aussi à faire des étincelles pour allumer le feu.

Les hommes préhistoriques ne connaissaient pas la poterie, ils conservaient les liquides dans des outres en peau. Pour les chauffer, ils ne pouvait pas les mettre sur le feu, mais y déposaient régulièrement des pierres brûlantes.

BESOIN D'ÉNERGIE

L'homme a toujours eu besoin d'énergie. La Terre nous fournit cette énergie : le bois pour faire le feu, l'eau ou le vent qui font tourner les moulins, le charbon et le pétrole qui servent à fabriquer de l'électricité.

L'énergie sert à s'éclairer…

… à se chauffer,

… à se déplacer,

… à faire fonctionner les usines.

Actuellement, nous disposons d'une source d'énergie facile à utiliser et très efficace : **le pétrole**. On trouve le pétrole dans le sous-sol : sous la terre ou sous la mer.

L'**électricité** est une importante source d'énergie.

On **fabrique** l'électricité avec du pétrole,

… avec la force de **l'eau**, dans les usines hydroélectriques,

… avec de **l'uranium** dans les centrales nucléaires,

… grâce à la force du **vent** avec les éoliennes,

… grâce à la chaleur du **soleil** avec les panneaux solaires.

RECORDS

Le volcan le plus actif sur Terre est le Kilauea à Hawaï. Il émet de grosses quantités de lave depuis plus de 20 ans.

Lors de l'explosion du Perbuatan, un volcan d'Indonésie, des roches ont été projetées à plus de **55 km de hauteur**. Le son de l'explosion a été entendu à plus de 5 000 km !

En Islande, **une nouvelle île**, l'île de Surtsey, est apparue en 1963 en plein milieu de l'océan Atlantique : elle a été formée par l'éruption d'un volcan sous-marin.

En 1980 le mont Saint Helens, un volcan des États-Unis, est entré en éruption, il a été complètement décapité et **a perdu 400 m** d'altitude !

Le plus gros diamant trouvé sous terre pèse 621 g.

En 1902, l'éruption de la montagne Pelée sur l'île de la Martinique a détruit l'ensemble de la ville de Saint-Pierre. Sur 28 000 habitants, il y a eu seulement **deux survivants**, dont un prisonnier : il a été protégé car sa cellule était au sous-sol.

La plus grosse pépite d'or pèse 350 kg, le poids d'une petite voiture !

Le pétrole a mis **des millions d'années** à se former. Mais dans 50 ans nous aurons peut-être consommé tout le pétrole de la Terre.

La VIE sur la TERRE

LES CONDITIONS DE VIE SUR LA TERRE

Sur la Terre, on ne vit pas partout de la même façon.
Les conditions de vie dépendent du climat et de la géographie.

Le climat dépend de la température à la surface des continents, du plus chaud au plus froid…

… et de la température des océans qui bordent les continents.

Le climat dépend aussi de la quantité de pluie qui tombe durant une année, de très pluvieux à très sec.

Au bord de la mer, il fait en général plus doux qu'à l'intérieur des terres.

En montagne, il fait plus chaud dans les vallées que vers les sommets.

La vie n'est pas non plus la même près d'un fleuve ou dans un désert.

LES CLIMATS SUR LA TERRE

La quantité de chaleur et de lumière qui arrive sur la Terre, grâce au soleil, n'est pas la même partout. C'est pourquoi il existe différents climats.

LE CLIMAT ÉQUATORIAL : à l'équateur, le soleil est abondant et il pleut tous les jours. Le climat est toujours le même, il n'y a qu'une seule saison : il fait très chaud et humide toute l'année.

LE CLIMAT TROPICAL : à mesure que l'on s'éloigne de l'équateur, le climat est toujours chaud mais devient moins humide. Près des tropiques, les pluies sont abondantes pendant la saison humide, elles sont rares pendant la saison sèche.

LE CLIMAT DÉSERTIQUE : dans les déserts, il ne pleut quasiment jamais. Il n'y a pas de végétation et presque pas d'habitants. Certains déserts sont très chauds, d'autres très froids.

LE CLIMAT TEMPÉRÉ : c'est le climat d'une grande partie de nos régions. Le soleil est haut dans le ciel en été, bas en hiver. Il y a quatre saisons.

Le printemps est frais et pluvieux.

L'été est chaud et sec.

L'automne est venteux et pluvieux.

L'hiver est froid.

LE CLIMAT MÉDITERRANÉEN règne dans les régions les plus chaudes des zones tempérées : il y a quatre saisons mais les étés sont très chauds et les hivers doux.

En montagne, il fait plus froid qu'en plaine, l'été comme l'hiver et plus on monte, plus il fait froid, c'est **LE CLIMAT MONTAGNARD.**

LE CLIMAT POLAIRE : près des pôles, le soleil est bas dans le ciel. Le climat est glacial et plutôt sec toute l'année, les vents sont très violents. Il fait nuit pendant six mois. Il y a deux saisons : un long hiver et un été très court où la température se réchauffe un peu.

LA VIE DANS LA FORÊT TROPICALE

Grâce à la chaleur et à la pluie, les forêts tropicales qui poussent près de l'équateur et des tropiques sont très denses. Les plantes sont nombreuses et enchevêtrées.

Toute cette végétation fait de la forêt tropicale le royaume de nombreux animaux. La moitié des espèces animales de la Terre vit dans les forêts tropicales.

- **Les arbres montent tout droit, très haut, pour aller chercher la lumière. Des lianes les escaladent et des fleurs poussent sur leurs troncs.**

- **La végétation est si dense que la lumière du soleil arrive difficilement jusqu'au sol où ne poussent que des plantes qui n'ont pas besoin de beaucoup de lumière.**

Pour se protéger de leurs prédateurs ou pour mieux attaquer leurs proies, les animaux de la forêt tropicale possèdent différentes techniques.

• **Le camouflage** : le caméléon prend la couleur du feuillage pour attraper les insectes avec sa longue langue.

• **Le « mauvais goût »** : certaines grenouilles sécrètent des substances qui les rendent immangeables.

• **La cuirasse** : le tatou se met en boule à l'approche d'un prédateur.

LA VIE DANS LA SAVANE

La savane existe essentiellement en Afrique. C'est une immense prairie de hautes herbes avec quelques arbres éparpillés.

Pendant **la saison des pluies**, l'herbe est bien verte et la nourriture est abondante pour les mangeurs de plantes… et ceux qui les mangent. C'est pendant la saison humide que tous les animaux de la savane font leurs petits.

Pendant **la longue saison sèche**, la nourriture est rare et beaucoup d'animaux meurent. Certains troupeaux d'herbivores quittent la savane desséchée pour chercher ailleurs de la bonne herbe.

LA VIE DANS LE DÉSERT

Les principaux déserts du monde sont le Sahara et le désert du Kalahari en Afrique, le désert de Gobi en Chine, le désert d'Arabie saoudite.
Il existe aussi des déserts en Amérique du Nord et en Australie.

Le plus grand désert du monde est le Sahara. Il existe deux types de paysages dans le Sahara :

de grandes étendues de sable qui, en s'accumulant, forment des dunes : **l'erg**,

de grandes étendues de plateaux rocheux et de zones rocailleuses : **le reg**.

Les animaux du désert sont peu nombreux car les conditions de vie sont difficiles.
Il fait très chaud et sec pendant la journée et l'eau est rare.

Dans le Sahara, on trouve des dromadaires que l'homme utilise pour se déplacer. Les dromadaires ont une seule bosse.

Dans le désert de Gobi, c'est le chameau qui est utilisé. Il a deux bosses.

Il y a très peu d'habitants dans le désert du Sahara. Quelques habitants vivent autour des oasis, là où il est possible de faire pousser des palmiers-dattiers et d'irriguer des cultures car il y a de l'eau dans les profondeurs du sol.

Aujourd'hui, pour traverser le désert, on se déplace surtout en camions, sur des pistes.

LA VIE DANS LES RÉGIONS TEMPÉRÉES

Dans le monde, les régions au climat tempéré sont les plus peuplées. On les trouve surtout dans l'hémisphère Nord : en Asie, en Amérique du nord, en Europe.

Au printemps, les jours rallongent, les arbres se couvrent de fleurs puis de nouvelles feuilles.

L'été, le soleil brille longtemps : les journées sont longues et les températures sont chaudes.

En automne, les jours racourcissent, les feuilles des arbres commencent à tomber.

En hiver, les jours sont courts, les nuits sont longues. Il neige dans les montagnes.

Dans les régions tempérées, le climat n'est pas le même partout.

La mer adoucit le climat. Les régions proches de l'océan, comme l'Irlande ou la Bretagne, ont des hivers moins froids et des étés moins chauds. C'est **le climat océanique**.

Les régions situées à l'intérieur des terres, comme la Russie, ont des hivers très rudes et des étés très chauds. C'est **le climat continental**.

Dans les forêts tempérées, les animaux mènent une vie ralentie en hiver et très active à la belle saison.

LA VIE AUX PÔLES

Aux extrémités de la Terre, les pôles Nord et Sud reçoivent peu de soleil. Il fait froid toute l'année. La mer est gelée et les terres sont couvertes de glace.

Les régions polaires sont tellement froides que presque aucune plante n'y pousse : la principale source de nourriture se trouve dans la mer.

Les animaux du pôle Nord sont souvent blancs en hiver, pour mieux se cacher.

Les ours polaires sont blancs eux aussi, pour que leurs proies ne les repèrent pas sur la glace lorsqu'ils sont en chasse.

Les manchots empereurs sont presque les seuls habitants de l'Antarctique, la région la plus froide de la Terre. Ils se nourrissent dans la mer mais font leurs petits très loin, sur le glacier.

Ce sont les pères manchots qui couvent. Pour résister au vent glacé, les manchots se regroupent et forment une « tortue ». Ils sont bien organisés : ils se relaient régulièrement pour que ce ne soit pas toujours les mêmes qui restent sur les bords.

LA VIE DANS LES OCÉANS

La plupart des poissons et des coquillages vivent sur les bords des continents, là où l'eau est peu profonde et où elle est éclairée par le soleil.

Dans l'océan glacial arctique, la nourriture est abondante, poissons et mammifères marins sont nombreux.

Les mers chaudes sont pauvres en nourriture… sauf dans les récifs de coraux.

L'herbier de posidonies est essentiel à la vie **en Méditerranée**, beaucoup d'animaux y vivent. Les posidonies ne sont pas des algues mais des plantes qui vivaient autrefois sur la terre.

Pour nager, les animaux marins utilisent différentes méthodes. Le plus souvent, ils se servent de leurs nageoires. Certains font onduler leur corps.

La méduse se laisse porter par les mouvements de la mer.

La seiche et la pieuvre pratiquent la propulsion à réaction ! Elles recrachent violemment de l'eau pour se projeter en avant.

LES ANIMAUX S'ADAPTENT À LEUR MILIEU

Pour vivre dans les différents milieux de la Terre, pour s'adapter au chaud ou au froid, les animaux ont toutes sortes de « trucs ».

Dans les milieux désertiques, les animaux doivent économiser l'eau et éliminer l'excès de chaleur de leur corps.

La grosse fourrure des ours polaires les isole bien de l'eau ou du vent glacés.

Pour vivre sous terre, la taupe n'a pas besoin de voir (elle est aveugle) mais elle a de grosses pattes qui creusent comme des pelles.

Les dauphins ne sont pas des poissons. Ce sont des mammifères qui vivent dans la mer : ils doivent remonter régulièrement à la surface pour respirer.

La chauve-souris vit la nuit. Elle est quasiment aveugle. Pour se diriger sans se cogner, elle émet des petits sons que nous n'entendons pas : les ultrasons. En se répercutant sur les arbres ou les murs, ces ultrasons permettent à la chauve-souris d'avoir une « vision sonore » de son environnement.

Les animaux qui vivent dans les rivières souterraines sont toujours dans le noir. Ils sont devenus aveugles et leurs yeux ont quasiment disparu.

LES ANIMAUX S'ADAPTENT À L'HIVER

Pour survivre lors de la saison froide, quand il gèle et qu'il n'y a plus rien à manger, les animaux doivent changer de vie.

Beaucoup d'animaux ont choisi la simplicité pour survivre à l'hiver : ils entrent en vie « ralentie ».

C'est le cas de tous les animaux à sang froid, comme les lézards. Leur corps est à la même température qu'à l'extérieur : ils ont besoin de la chaleur du soleil pour se réchauffer et pouvoir être actifs.

Pour s'isoler du froid, certains s'enfouissent simplement dans la terre pendant tout l'hiver.

Ils se réveillent à la belle saison, quand les températures se réchauffent.

Les mammifères et les oiseaux sont des animaux à sang chaud : la température de leur corps reste toujours la même, qu'il fasse chaud ou froid. Ils peuvent être actifs été comme hiver.

Quand il fait trop froid pour eux, l'ourse et ses petits, les marmottes s'endorment bien à l'abri : ils hibernent.

D'autres fuient le froid. C'est la migration. À la fin de l'été, les hirondelles quittent l'Europe pour aller en Afrique pendant l'hiver. On dit que ce sont des oiseaux migrateurs.

RECORDS

La température la plus basse relevée en Antarctique est de **− 89,2 °C**.

La plus chaude est de **+ 58 °C à l'ombre** dans le désert du Sahara, en Libye.

Dans le désert d'Atacama, au Chili, il peut ne pas pleuvoir durant plus de **20 ans** !

Un volcan des îles Hawaï est sous la pluie **350 jours par an** en moyenne.

Certaines tornades peuvent souffler jusqu'à **450 km/h**.

Pour ne pas geler, certains insectes des régions très froides fabriquent de l'alcool dans leur corps !
En effet, l'alcool gèle à des températures plus basses que l'eau.

Il existe des « oasis » de vie même au fond des océans, là où la lumière du soleil n'arrive pas : on trouve des crabes, des vers géants autour de sources d'eau très chaudes que l'on appelle les « fumeurs ».

PROTÉGER la TERRE

COMMENT ÇA VA LA TERRE ?

Les hommes sont de plus en plus nombreux sur la Terre. Ils ont inventé toutes sortes de choses pour rendre leur vie plus agréable. Mais tout cela abîme la Terre, l'air, l'eau douce, les océans…

Des forêts sont coupées pour faire des cultures.

Pour bien faire pousser les grandes cultures qui nous nourrissent, on utilise des **engrais** et des **insecticides**… qui polluent l'eau du sous-sol et des rivières.

Les voitures, les avions, les usines rejettent des **gaz** qui s'accumulent dans l'atmosphère. Parfois l'air devient irrespirable.

Dans la mer, il y a de moins en moins de poissons car les gros bateaux de pêche attrapent tout avec leurs **grands filets**, même les très petits poissons.

Les océans sont pollués par tout ce qu'on jette dans la mer pour s'en débarrasser, par les rejets des bateaux, par les accidents de pétroliers qui provoquent des marées noires.

TROP CHAUD !

Les scientifiques sont d'accord, toutes les observations le confirment : il fait de plus en plus chaud sur la Terre.

Les déserts grandissent de plus en plus.

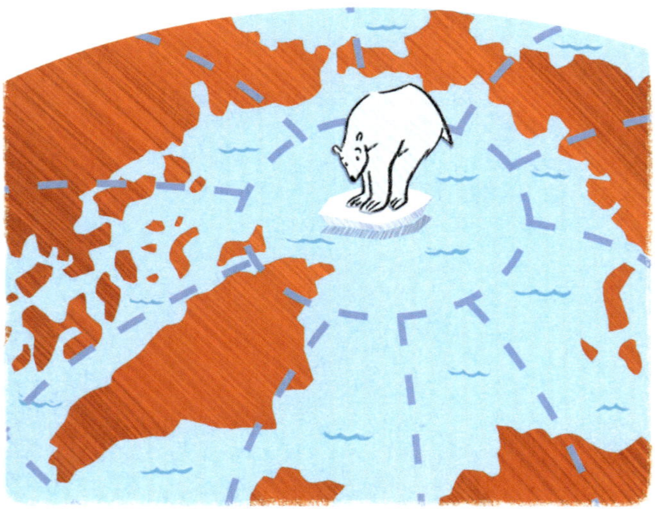

La banquise a commencé à fondre.

Les glaciers des montagnes aussi.

Mais qu'est-ce que c'est, **l'effet de serre** ?

Comme les serres des jardiniers qui gardent les plantes bien au chaud, l'atmosphère qui entoure la Terre garde notre planète à une bonne température en conservant la chaleur du soleil. C'est cela que l'on appelle l'effet de serre.

Sans ce bon effet de serre, les températures seraient glaciales sur la Terre.

Mais les gaz qui s'accumulent dans l'atmosphère augmentent cet effet de serre.

Comme une serre mal réglée qui chaufferait trop fort, l'atmosphère garde trop de chaleur : à cause de ce mauvais effet de serre, la Terre se réchauffe de plus en plus…

L'EAU, C'EST LA VIE !

Plantes, animaux, hommes : on a tous besoin d'eau douce pour vivre. Et les ressources en eau sur la Terre ne sont pas inépuisables…

Seule une minuscule partie de l'eau de la Terre est de l'eau douce liquide (1%).
On trouve cette eau, utilisable pour l'agriculture et bonne à boire, dans le sous-sol et les fleuves, dans les lacs et les rivières.

L'essentiel de l'eau douce est gelée : ce sont les glaciers des montagnes et des pôles.

L'agriculture qui nous nourrit a besoin d'eau, de beaucoup d'eau. Pour produire 1 kg de blé ou de maïs, on utilise des centaines de litres d'eau.

Dans les pays chauds, l'irrigation est indispensable, mais l'eau est souvent rare, et les installations défectueuses entraînent beaucoup de pertes.

Plus grave encore, dans de nombreuses régions du monde les habitants n'ont pas accès facilement à l'eau potable.

SAUVER LES FORÊTS !

Les forêts sont les poumons de la Terre : elles absorbent le gaz carbonique que nous rejetons et produisent l'oxygène que nous respirons.

Dès la préhistoire, les hommes ont eu besoin de la forêt : pour se nourrir, se chauffer, construire leurs maisons, faire des cultures.

Aujourd'hui, de plus en plus de forêts du monde sont transformées en terres agricoles et chez nous beaucoup brûlent en été. Quand on détruit une forêt, on détruit aussi de nombreuses espèces de plantes et d'animaux qui risquent de disparaître pour toujours.

Les sols des pays tropicaux s'appauvrissent très rapidement car ils sont lessivés par les fortes pluies. Les forêts les protègent. Mais si on coupe les arbres de la forêt plus rien ne peut pousser.

AU SECOURS, LES ANIMAUX !

L'homme est un rude rival pour les animaux ! Certains animaux magnifiques semblent condamnés… pourtant de nombreuses espèces pourraient encore être sauvées si on s'organisait pour mieux les protéger.

Nos cousins **les grands singes** sont en danger, car leurs forêts disparaissent.

À Madagascar, les forêts des **lémuriens** disparaissent aussi,

comme les forêts de bambous des **pandas** en Chine.

La baleine bleue, le plus grand animal du monde, a été beaucoup trop chassée au XXe siècle. Elle est désormais protégée.

La loutre de mer, elle aussi, a pu être sauvée.

Les éléphants et **les rhinocéros** sont encore victimes des braconniers.

Même **l'autruche** est menacée, car on la chasse pour ses plumes, sa chair et ses œufs.

La tortue luth a de nombreux ennemis : les grands filets de pêche, les hôtels sur ses plages, la pollution de la mer, le braconnage de ses œufs.

Les hippocampes étaient nombreux dans toutes les mers du monde mais ils font de jolies décorations et beaucoup ont désormais disparu.

QUE FAIRE ?

Aujourd'hui tout le monde le sait : il faut protéger la planète, car notre Terre est le seul endroit de l'Univers où les hommes peuvent vivre.

Tous les gouvernements de tous les pays du monde doivent se mettre d'accord, mais chacun de nous peut, à son niveau, agir pour la planète. En faisant tous attention, on pourrait utiliser mieux l'énergie dont nous avons besoin, ne pas la gaspiller, et donc polluer beaucoup moins.

On pourrait privilégier :

- **la bicyclette,**

- **les transports en commun…**
- **et mieux utiliser la voiture en roulant moins souvent seul et moins vite.**

On peut aussi **réparer** plutôt que jeter.

Ne pas acheter de produits avec trop d'emballages.

Bien trier les déchets
pour les **recycler**.

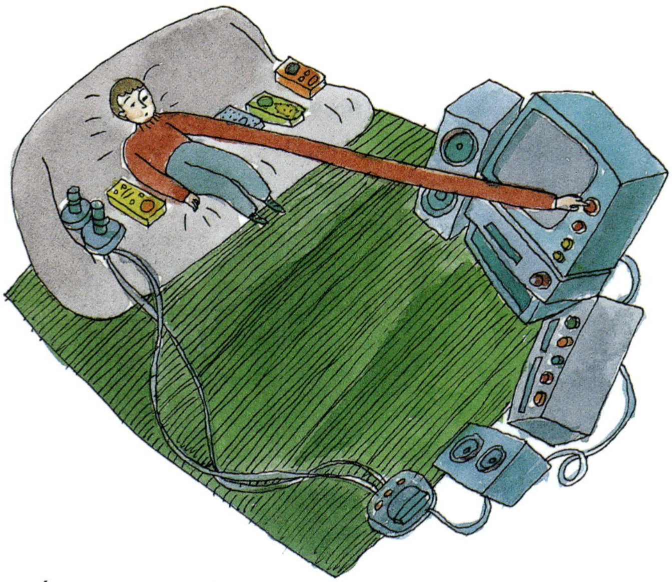

Économiser l'énergie, en évitant de laisser les appareils en veille, en éteignant la lumière.

Ne pas gaspiller l'eau dans la salle de bains ou au jardin…

RECORDS

En Suisse, plus de 90 % du **verre** utilisé est recyclé.

En Allemagne, près de 80 % du **papier** est recyclé.

En Israël, 80 % des foyers utilisent de l'eau chauffée à **l'énergie solaire.**

La mer d'Aral est un grand lac salé d'Asie. La superficie de cette mer fermée a été **divisée par 2 en 50 ans**, à cause des grands travaux d'irrigation sur les fleuves qui se jettent dedans.

Si tous les glaciers de l'Arctique et de l'Antarctique fondaient, les mers **monteraient de 80 m** par endroits et le climat de l'Europe deviendrait glacial.

Les forêts tropicales sont en recul : elles couvrent **30 % des continents**.

Les déserts sont en progression : ils couvrent **33 % des continents**.

Sur Terre, il y a **7 milliards d'hommes** et un milliard de milliards de fourmis !

Dans les pays riches, l'agriculture consomme les **3/4 de l'eau douce disponible**, beaucoup plus que les usines et les familles.

Un Américain dispose de **600 litres** d'eau par jour, un Français de **200 litres** et un Africain de moins de 30 **litres** seulement.

Pour arriver dans notre assiette en hiver, 1 kg de fraises a nécessité **5 litres de gazole**, soit vingt fois plus que pour un fruit de saison.

INDEX